NISE
A psiquiatra rebelde

Copyright © 2024 por Bruna Frizon.

**Todos os direitos reservados.
Nenhuma parte deste livro pode ser utilizada ou reproduzida sob quaisquer meios existentes sem autorização por escrito dos editores.**

Preparo de originais: Gabrielle Antunes **Ilustração:** Bruna Frizon
Supervisão de texto: Jéssica H. Furtado **Capa:** Geovanna Votto
Revisão: Bruna Del Valle **Diagramação:** Geovanna Votto

A editora não se responsabiliza pelo conteúdo da obra, formulada exclusivamente pelo(s) autor(es).
A editora não se responsabiliza pela manutenção, atualização e idioma dos sites referidos pelos autores nesta obra. 1a Edição, 2024 — Edição revisada conforme o Acordo Ortográfico da Língua Portuguesa de 2009.
Publique seu livro com a Ases da Literatura. Para mais informações envie um e-mail para originais@asesdaliteratura.com.br
Suporte técnico: A obra é comercializada da forma em que está, sem direito a suporte técnico ou orientação pessoal/exclusiva ao leitor.

Catalogação na publicação
Elaborada por Bibliotecária Janaina Ramos – CRB-8/9166

F921n

Frizon, Bruna

Nise: a psiquiatra rebelde / Bruna Frizon. – Rio de Janeiro: Ases da Literatura, 2024.

68 p., il.; 17 X 24 cm

ISBN 978-65-5420-946-5

1. Literatura infantil. I. Frizon, Bruna. II. Título.

CDD 028.5

Índice para catálogo sistemático
I. Literatura infantil

Todos os direitos reservados, no Brasil, países da Europa e Estados Unidos, por Editora Ases da Literatura

Para comprar os livros com maior desconto possível,
visite nosso site e acesse o catálogo – www.asesdaliteratura.com
Instagram - @editoraasesdaliteratura e @editoraasinha

NISE
A psiquiatra rebelde

Escrito e ilustrado por BRUNA FRIZON

CAPÍTULO 1

UMA GAROTA DE ESPÍRITO LIVRE

Nise da Silveira nasceu em 15 de fevereiro de 1905, numa casa cheia de vida e muita música, na Rua Boa Vista, na cidade de Maceió.

A casa da família Magalhães Silveira, a família da Nise, sempre estava cheia de pessoas alegres. Eram convidados da mãe, Maria Lídia, uma pianista genial, que mantinha a porta aberta para os artistas da cidade e os amigos. Também frequentavam a casa da pequena Nise os alunos do pai, Faustino, um jornalista e professor de matemática, que sempre trazia seus aprendizes para debater e participar das festas oferecidas pela família.

Nesse lar cheio de companhias tão diversas, de músicos, matemáticos, atores e intelectuais, Nise cresceu rodeada de um sentimento de liberdade e possibilidades, acreditando que razão e emoção andam lado a lado, e que uma sensação é tão importante quanto a outra!

No dia de seu aniversário de quatro anos, a pequena Nise teve uma grande comemoração! Maria, sua mãe, tocou músicas clássicas de Liszt e de Wagner ao piano e, em seguida, diversos outros artistas se apresentaram com belas canções e poesias.

As poesias eram recitadas em português e em outras línguas. Nise se encantou ao ouvir as estrofes do poema de Castro Alves, "O Livro e a América":

Disse um dia Jeová:
"Vai, Colombo, abre a cortina
Da minha eterna oficina...
Tira a América da lá".

O trecho fez Nise sonhar com uma grande cortina que escondia um mundo inteiro de aventuras, um mundo a ser descoberto, e isso desde cedo a animou.

Foi nessa idade que seu espírito libertador começou a tomar forma e ela deu seus primeiros passos para se tornar a grande protetora dos indefesos.

Um dia, Nise passou por uma situação desagradável: viu uma galinha amarrada, esperando a hora de sua morte para ser servida no almoço. Ela começou a gritar, pensando na dor da galinha como se fosse sua dor. Ao ouvir os gritos, Faustino veio correndo ver o que aconteceu e se deparou com o choro de compaixão da filha. Ele ficou impressionado com sua bondade e se apressou em libertar o animal.

Esse foi um momento marcante para Nise, que aprendeu que sua voz tinha poder e que era capaz de fazer a diferença no mundo!

NÃÃÃÃÃO

Seu pai era um homem muito atencioso com a filha, ele adorava seu jeitinho imaginativo e a bondade que a filha tinha com as pessoas e os animais. Ele deu um apelido carinhoso para Nise, Caralâmpia, que surgiu após uma brincadeira entre os dois.

Foi assim: um dia, ao ver os papéis das aulas do pai, viu o nome de um aluno na lista de chamada, que achou muito engraçado, um tal de José Caralâmpio. No dia seguinte, Faustino aplicaria provas para a turma e Nise pediu para ele não reprovar o moço, com esse nome tão bonito e único. Infelizmente, o rapaz não se saiu tão bem nos exames, mas para sempre ela seria chamada de Caralâmpia pelo seu pai.

CAPÍTULO 2

O CAMINHO DE UMA JOVEM DETERMINADA

Nise era muito inteligente e estudiosa, entrou na Faculdade de Medicina da Bahia muito jovem, ainda com 16 anos! Então, em 1921 ela se mudou sozinha para uma cidade nova. Ela se destacava muito em sua turma por ser a única mulher entre mais de 150 alunos!

Naquela época, as mulheres não eram incentivadas a estudar, pois existia uma crença social absurda de que esses lugares eram feitos para homens, enquanto as mulheres deveriam ficar quietinhas em casa.

Contudo, ela não se deixava abalar por baboseiras e sabia que era livre para fazer suas escolhas. Durante seu tempo na faculdade, alguns dos seus colegas homens olhavam para ela de forma desaprovadora e a julgavam, achando que tinham mais direito de estar ali do que ela. Mesmo assim, ela sempre manteve sua confiança e determinação, mesmo que naquela época não houvesse ao menos banheiro feminino na faculdade.

Lembrando esses tempos difíceis na faculdade, Nise escreveu, muitos anos depois, ao jornalista Bernardo Horta, que comentou em 2009:

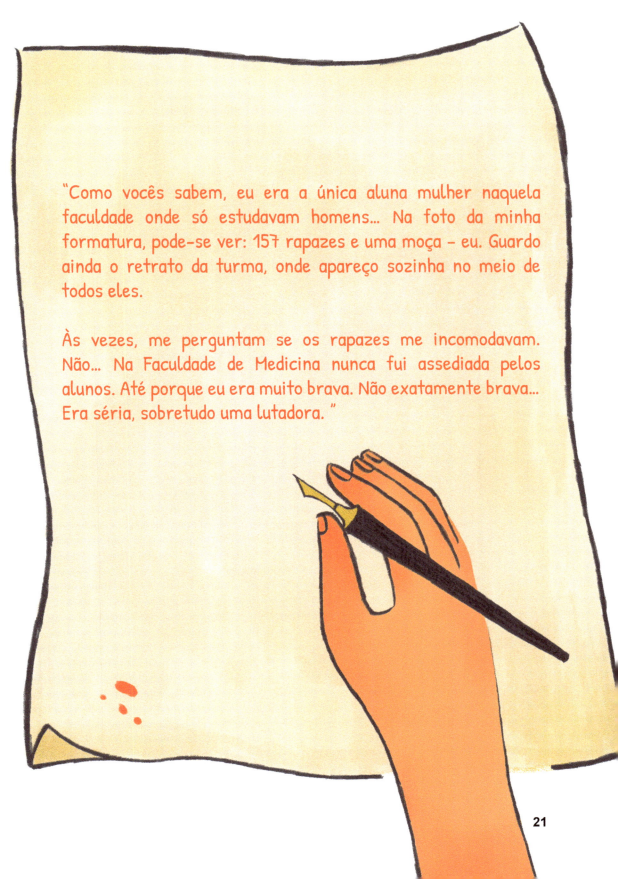

"Como vocês sabem, eu era a única aluna mulher naquela faculdade onde só estudavam homens… Na foto da minha formatura, pode-se ver: 157 rapazes e uma moça – eu. Guardo ainda o retrato da turma, onde apareço sozinha no meio de todos eles.

Às vezes, me perguntam se os rapazes me incomodavam. Não… Na Faculdade de Medicina nunca fui assediada pelos alunos. Até porque eu era muito brava. Não exatamente brava… Era séria, sobretudo uma lutadora."

Também aconteceram coisas mais importantes para dar atenção do que o julgamento alheio, como o amor. Foi lá que Nise se apaixonou por seu colega de curso e primo, Mário Magalhães, dando início à vida do casal de médicos inseparáveis.

Aos 21 anos, Nise se formou em medicina e estava pronta para enfrentar o que viesse pela frente! Ela queria ajudar as pessoas e enfrentar seus próprios desafios.

Então, ela e Mário voltaram para sua terra natal, Maceió, para estar perto da família novamente, principalmente do pai, que estava doente e para começar suas carreiras médicas.

Porém, esse período em Maceió acabou sendo muito difícil, a cidade era muito conservadora e não aceitou bem Nise como médica. As pessoas duvidavam de sua capacidade profissional por ser mulher.

Logo depois, seu querido pai acabou falecendo, o que deixou
NISE E SUA MÃE DEVASTADAS.

CAPÍTULO 3

RECOMEÇO

Em 1928, Nise e Mário decidiram recomeçar a vida juntos no Rio de Janeiro. Eles encontraram acolhimento em uma cidade vibrante, cheia de possibilidades e fizeram novos amigos que compartilhavam de suas paixões pela literatura e política.

Eles conheceram poetas renomados, o que significa famosos para aquela época, como Manuel Bandeira, e entraram em círculos literários e políticos que abriram novos horizontes.

Naquela época, o Brasil passava por grandes transformações! Muitas pessoas estavam insatisfeitas com a política do país, comandada por famílias ricas que se recusavam a ceder o poder, na chamada "política do café com leite".

Era um momento de incerteza, mas também de esperança, em que muitos brasileiros lutavam por mudanças. Nise não era diferente, queria fazer a diferença e contribuir para um futuro mais justo e igualitário.

Nise se especializou em psiquiatria no Hospital da Praia Vermelha, onde conheceu pessoas que eram rotuladas como loucas. Essas pessoas tinham cérebros que funcionavam de maneira diferente, suas conexões cerebrais estavam embaralhadas, o que as faziam sentir-se perdidas no mundo, confundindo, às vezes, o que era imaginação e o que era realidade.

Ao conviver com elas, Nise percebeu que o que havia estudado na teoria era bem diferente da realidade e que as pessoas com transtornos mentais eram mais do que suas doenças, tinham corações e vontades de ter uma vida feliz.

Foi nessa especialização que Nise percebeu: o que ela estudou na faculdade de medicina era bem diferente da realidade! Os livros não levavam em conta os seres humanos além de suas enfermidades, mas ela sabia que eles eram mais que uma simples condição médica, eram coração e vontade de ter uma vida cheia de amor.

Assim ela declarou para o jornalista Bernardo Horta:

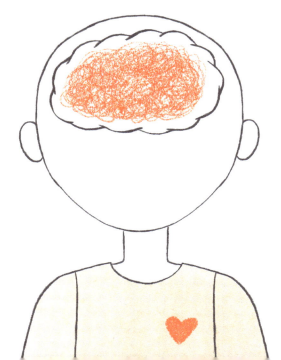

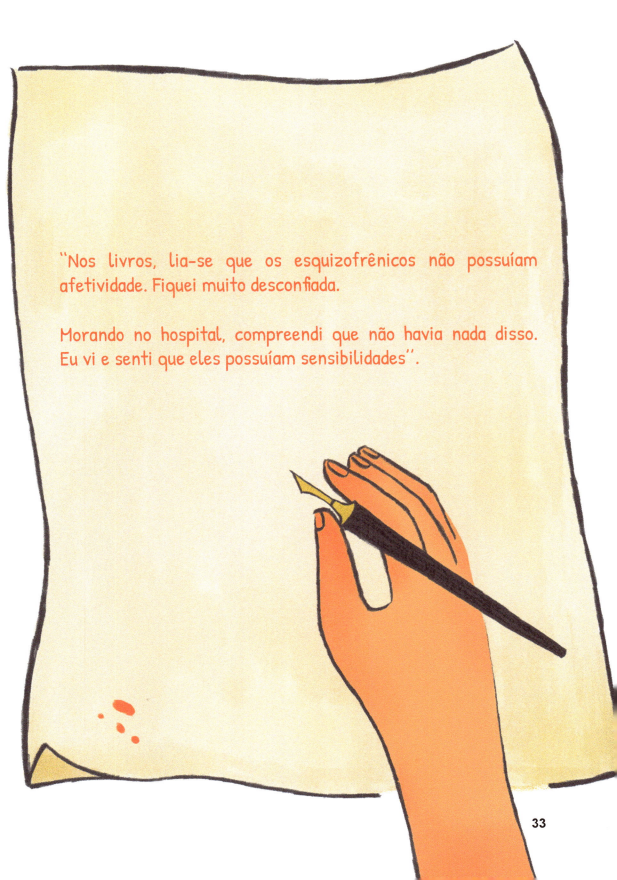

Porém, as descobertas de Nise tiveram que ser interrompidas por um tempo. Ela foi acusada de ter ideias subversivas e foi presa em 26 de março de 1936 por ser contra a ditadura de Vargas e fazer parte de grupos que debatiam o assunto, algo rigorosamente proibido pelo regime político daquela época.

Em uma ditadura, as pessoas não têm liberdade para expressar seus pensamentos, o que revoltava profundamente nossa Caralâmpia.

Nise, então, cumpriu sua pena de 1 ano e 4 meses na prisão e foi para o interior da Bahia. Em 1938, o caso de Nise da Silveira foi levado a julgamento. Apesar de não comparecer, ela foi absolvida, porque não havia processo instaurado contra ela.

CAPÍTULO 4

"NÃO APERTO" OU O PODER DO NÃO

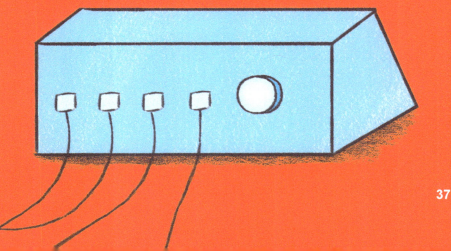

Finalmente de volta à liberdade, Nise agora sabia na pele o que é ter seus direitos tirados, ter que viver obedecendo ordens para evitar consequências, sem receber carinho ou amor. Isso deixou uma marca profunda em sua vida!

Tentando retomar sua vida e trabalho, em 1944 Nise trabalhou como psiquiatra no Centro Psiquiátrico Nacional Pedro II, voltando ao Rio de Janeiro. Lá ela percebeu que os pacientes com transtornos mentais não eram tratados de maneira melhor do que ela foi tratada na prisão.

Os outros psiquiatras da instituição utilizavam métodos que Nise considerava cruéis e desumanos: choque elétrico, camisa de força, lobotomia e isolamento social eram algumas das técnicas usadas nos tratamentos.

Para Nise, esses métodos eram insensíveis aos sentimentos dos pacientes, além de causarem danos irreparáveis à saúde mental. Ela sabia que os pacientes mereciam mais do que isso!

Durante uma sessão, um médico pediu para a Nise apertar o botão do eletrochoque em um paciente. Mas ela se recusou, não aceitou torturar alguém como forma de tratamento. Esse tipo de técnica ia contra seus princípios de bondade e empatia, assim como a sua crença de que todos merecem ser tratados com dignidade.

FOI AÍ QUE APARECEU A NISE REBELDE.

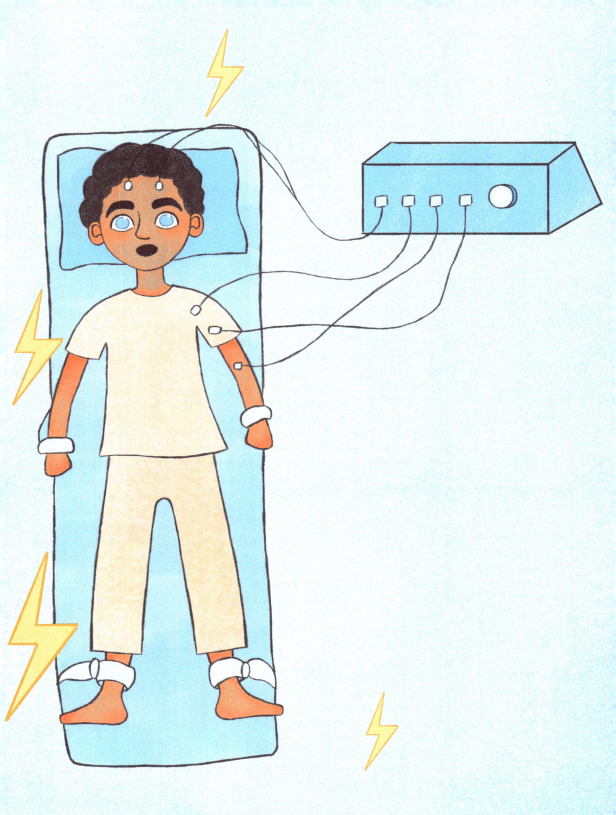

É por isso que Nise não poderia ser a psiquiatra que queriam. Os outros médicos ficaram indignados com sua recusa!

Depois disso, ela foi afastada da psiquiatria pelo diretor do hospital e precisou aceitar trabalhar em um setor considerado subalterno pelos colegas de sua profissão, o setor de Terapia Ocupacional. Lá, as atividades "terapêuticas" dos pacientes se resumiam a tarefas de limpeza e manutenção do hospital

Apesar deste destino, ela não desanimou, voltou para sua casa e fez um carinho no seu gatinho para se sentir melhor. Foi então que uma ideia surgiu em sua mente: ela enxergou o potencial da terapia para ajudar os pacientes sem submetê-los a tratamentos que mais pareciam punições.

Nise estava determinada a provar que a melhor maneira de ajudar as pessoas era por meio de atenção e afeto, e que a violência não tinha espaço no tratamento.

ELA ESTAVA PRESTES A INICIAR UM TRABALHO QUE MUDARIA PARA SEMPRE A FORMA DE TRATAR OS PACIENTES.

CAPÍTULO 5

O AMOR GERA O AMOR

A primeira coisa que Nise fez foi criar um espaço de acolhimento. Em vez de varrer o chão e lavar roupas, os pacientes passaram a fazer atividades que estimulassem suas emoções e criatividade, em oficinas de desenho, pintura e modelagem.

Ela trouxe também cachorros para o hospital como uma forma de lembrar aos pacientes o que é dar e receber carinho, lembrá-los de que eles também são dignos do amor e como a vida pode ser boa e divertida!

Os pacientes começaram a pintar e desenhar, e suas artes se tornavam uma porta para entender a mente deles. Os desenhos e quadros eram uma forma de eles se expressarem, o que nem sempre conseguiam fazer com palavras.

Nise mostrou que aquelas pessoas sentiam, pensavam, imaginavam e podiam se expressar! Assim como qualquer outra pessoa, eles queriam ser amados, vistos e ouvidos, e serem aceitos como são.

Ela mostrou que o afeto estava, sim, presente nos pacientes! Eles só precisavam ser encorajados a colocar suas emoções para fora. E foi exatamente isso que a arte, o carinho dos animais e a bondade de Nise fizeram no hospital.

Era incrível!

Além de servir como forma de lidar com os sentimentos, o que estava ajudando muito a melhorar a qualidade de vida dos pacientes, as pinturas foram consideradas verdadeiras obras de arte por quem os visitava.

Grandes artistas do cenário nacional, como Mário Pedrosa e Abraham Palatnik, vieram ver para aprender com os pacientes, que pareciam ter um instinto natural para a arte.

Todos queriam entender o que suas pinturas significavam, e Nise também! Ela ficou intrigada com as formas circulares que se repetiam em várias das criações. Então, resolveu mandar cartas para um dos maiores nomes no estudo da psique humana e uma grande inspiração sua, o psiquiatra suíço Carl Gustav Jung.

Jung ficou muito admirado com o trabalho da Nise, e ela teve certeza de que estava no caminho certo, pois ele disse assim: "Essas formas demonstram que a psique perturbada, fragmentada, possui um potencial reorganizador e autocurativo que se configura sob a forma de imagens circulares denominadas mandalas". Ou seja, os pacientes estavam em processo de recuperação!

Então, Nise teve a ideia de criar um espaço para expor as pinturas, os pacientes precisavam ver que o que estavam fazendo tocava as pessoas. Os trabalhos realizados nos ateliês foram colocados em uma pequena sala no próprio hospital, e logo viram o encantamento do público com a qualidade das diversas obras expostas, muitos visitantes vieram admirar as artes e os artistas, que antes eram chamados de loucos e incapazes.

Mais tarde, estes trabalhos foram reunidos no Museu de Imagens do Inconsciente, que ficou conhecido no mundo todo! Hoje o museu tem mais de 360 mil obras e é reconhecido como "Memória do Mundo" pela Organização das Nações Unidas para a Educação, a Ciência e a Cultura, a Unesco.

Algumas das obras foram também foram levadas para o Congresso Internacional de Psiquiatria II, em 1957, na cidade suíça de Zurique. A exposição foi inaugurada por Carl Gustav Jung. Nise ficou muito animada com a viagem para conhecer sua inspiração na psiquiatria, que agora era seu amigo.

CAPÍTULO 6

O PODER DA EMPATIA

Foi assim que a pequena Nise se rebelou contra os tratamentos agressivos na psiquiatria e revolucionou a área com seus métodos por meio do afeto. Seus planos de amor com os animais e arte foram mais efetivos do que o eletrochoque jamais poderia ser. O eletrochoque só escondia a doença e o paciente, enquanto o método amoroso de Nise ajudava o paciente a melhorar e a ter uma vida digna.

Ela nos mostrou que existe uma força enorme na empatia, coisa que ela tinha de sobra! Ao se preocupar de verdade com seus pacientes e compreender seus medos, Nise devolveu a alegria de viver para essas pessoas, que só precisavam de um pouco de carinho. Com o tempo, muitos pacientes se sentiram confiantes em se expressar novamente e foram reinseridos na sociedade, voltando para suas casas.

Agora você entende que não poderia ter sido outra pessoa a desobedecer a ordem do eletrochoque e começar essa revolução, não é? Era preciso da força de quem entende desde pequeno a importância de se importar com o próximo! Era preciso da corajosa Nise, que botou seus princípios de bondade acima das regras impostas.

Ela mostrou que seus pacientes não são uma doença, são cheios de vida, cor, e podem fazer grandes coisas com um pouquinho de ajuda de alguém que acredite neles.

Embora a médica tenha partido deste mundo em 1999, aos 94 anos, sua mensagem ainda é importante hoje em dia: todos merecem ser tratados com respeito e carinho, e a paz e a felicidade são possíveis quando o afeto e o cuidado são aplicados.

Este foi o legado que Nise da Silveira deixou para a psiquiatria. Sua recusa em aceitar técnicas que não consideram os pacientes como dignos de empatia e afeto iniciou grandes mudanças no cenário psiquiátrico brasileiro. Sua luta contra os manicômios foi de extrema importância para o avanço da reforma no sistema de saúde mental que nós tínhamos naquela época.

Em 1990, foram criadas leis que estabeleceram uma rede de atenção à saúde mental, junto com a criação do SUS. As leis atribuíram ao Estado a responsabilidade de promover um tratamento em comunidade, possibilitando a livre circulação dos pacientes e não mais a internação e o isolamento. Até os dias de hoje, a luta pela proteção dos direitos das pessoas com transtornos mentais continua avançando.

Em 2001, foi criada a Lei 10.216/2001, também conhecida como "Lei Paulo Delgado", que estabelece medidas de proteção e promoção dos direitos das pessoas com transtornos mentais.

GLOSSÁRIO

Afeto:
denominação atribuída a sentimento de carinho e ternura; estima ou afeição; Amizade, amor ou apego; simpatia ou ternura.

Eletrochoque:
a eletroconvulsoterapia é um tipo de tratamento que provoca alterações na atividade elétrica do cérebro, regulando os níveis dos neurotransmissores serotonina, dopamina, noradrenalina e glutamato. Por regular esses neurotransmissores, é uma terapia que pode ser usada em alguns casos mais graves de depressão, esquizofrenia e outros distúrbios psicológicos, mas que de forma alguma deve ser usada indiscriminadamente para qualquer transtorno psiquiátrico, como foi no passado. Antigamente era não só utilizada para tratamento dos pacientes psiquiátricos, mas também como forma de tortura. Isso porque o procedimento não era realizado sob anestesia geral e nem havia a administração de relaxantes musculares, o que resultava em contorções durante o procedimento e múltiplas fraturas, devido à contração muscular, além da perda de memória, que muitas vezes acontecia. Com o passar do tempo, o método foi sendo aprimorado, de modo que atualmente é tido como um procedimento seguro, com baixo risco de fratura e perda de memória e a convulsão é percebida apenas no equipamento.

Empatia:
é a capacidade que uma pessoa tem de sentir e se colocar no lugar de outra pessoa, como se estivesse vivendo a mesma situação. Com a empatia, é possível entender os sentimentos e as emoções do outro.

Esquizofrenia:
é um transtorno mental caracterizado pela perda de contato com a realidade (psicose), alucinações (é comum ouvir vozes), falsas convicções (delírios), pensamento e comportamento anômalo, redução das demonstrações de emoções, diminuição da motivação, uma piora da função mental (cognição) e problemas no desempenho diário, incluindo no âmbito profissional, social, relacionamentos e autocuidado.

Luta Antimanicomial:
é a luta pelos direitos das pessoas com sofrimento mental. O Movimento da Luta Antimanicomial faz lembrar que, como todo cidadão, estas pessoas têm o direito fundamental à liberdade, o direito a viver em sociedade, além do direto a receber cuidado e tratamento sem que para isto tenham que abrir mão de seu lugar de cidadãos.

Sistema manicomial:
é a ideia de que se deve isolar a pessoa com sofrimento mental em nome de pretensos tratamentos, ideia baseada apenas nos preconceitos que cercam os transtornos mentais.

NOTA: este livro é uma homenagem à vida de Nise da Silveira, foi criado por meio de pesquisas e comparações de diversas fontes em uma tentativa de retratar os fatos como ocorreram na vida real. Ainda assim, trata-se de uma versão adaptada para o público infantojuvenil, que se atém aos eventos e personagens principais.

BRUNA FRIZON

Bruna Frizon é ilustradora, designer e escritora de livros infantis. Formada em Design Gráfico pela UTFR de Curitiba, seu sonho é ilustrar e criar livros para o público infantil, trazendo cor e imaginação para a vida de crianças e adultos com alma de criança. Natural de Pato Branco, mora em Curitiba desde 2018, com seu cachorrinho Valente.

NISE DA SILVEIRA
MACEIÓ, 1905
RIO DE JANEIRO, 1990

Fonte: Foto Wikipedia Nise da Silveira

Psiquiatra que se rebelou contra os tratamentos agressivos para pessoas com transtornos mentais, na época fazia-se o uso indevido de eletrochoque, camisas de força e lobotomia.

Nise, adotou tratamentos baseados na arte, sendo pioneira com esse tipo de terapia ocupacional, o trabalho dela mudou a forma de tratar pacientes no Brasil.

Publique seu livro:

Não deixe de conhecer
os outros livros do
selo Asinha em:

www.asesdaliteratura.com

Milton Keynes UK
Ingram Content Group UK Ltd.
UKHW050938221124
451425UK00018BA/210